Impressum
Verlag: BABADADA GmbH, Nedderfeld 112 , 22529 Hamburg
Geschäftsführer / Verlagsleitung: Harald Hof
Druck: Books on Demand GmbH, In de Tarpen 42, 22848 Norderstedt

Imprint
Publisher: BABADADA GmbH, Nedderfeld 112 , 22529 Hamburg, Germany
Managing Director / Publishing direction: Harald Hof
Print: Books on Demand GmbH, In de Tarpen 42, 22848 Norderstedt, Germany

Schule
School

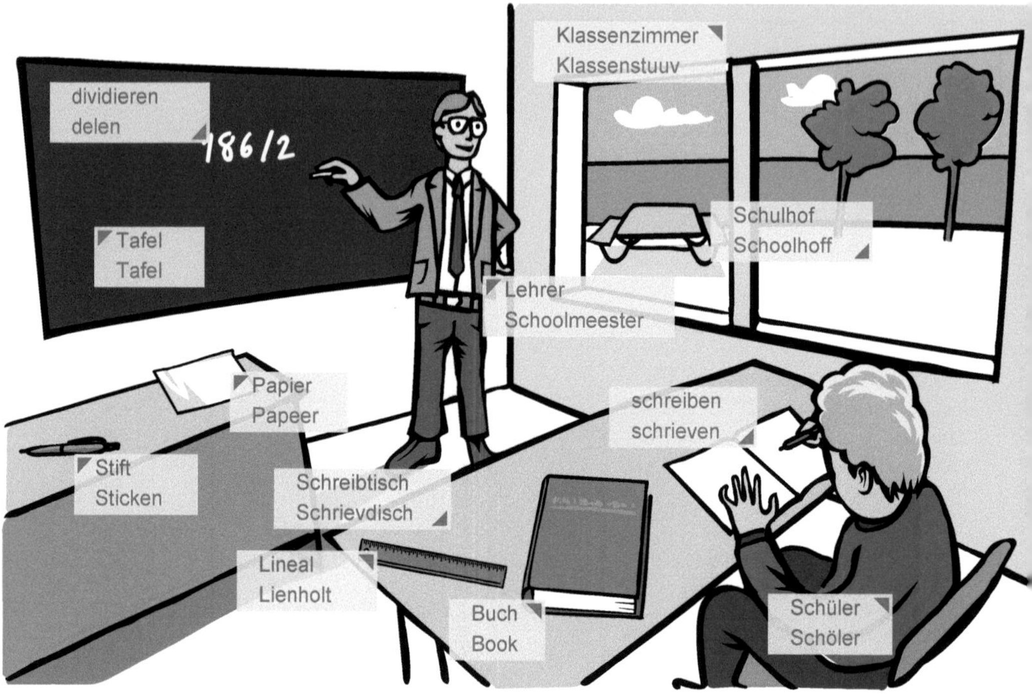

Klassenzimmer
Klassenstuuv
dividieren
delen
186/2
Tafel
Tafel
Schulhof
Schoolhoff
Lehrer
Schoolmeester
Papier
Papeer
schreiben
schrieven
Stift
Sticken
Schreibtisch
Schrievdisch
Lineal
Lienholt
Buch
Book
Schüler
Schöler

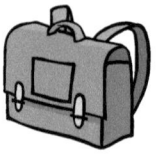

Ranzen

Ranzel

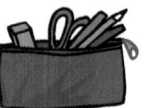

Federmappe

Feddermapp

Bleistift

Bleesticken

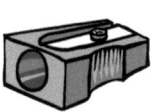

Bleistiftanspitzer

Scharpmaker

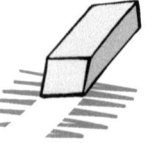

Radiergummi

Radeergummi

Zeichenblock

Tekenblock

Zeichnung

Teken

Pinsel

Pinsel

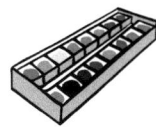

Malkasten

Malkassen

Schere

Scheer

Klebstoff

Klever

Übungsheft

Heft to'n Öven

Hausaufgabe

Huusopgaav

Zahl

Tall

addieren

tohooptellen

subtrahieren

aftrecken

multiplizieren

malnehmen

rechnen

reken

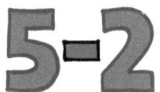

Buchstabe

Bookstaav

Alphabet

ABC

Wort

Woort

Text
Text

lesen
lesen

Kreide
Kried

Stunde
Stunn

Klassenbuch
Klassenbook

Prüfung
Pröven

Zeugnis
Tüügnis

Schuluniform
Schooluniform

Ausbildung
Utbillen

Lexikon
Nakieksel

Universität
Universität

Mikroskop
Mikroskop

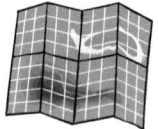

Karte
Koort

Papierkorb
Papeerkorf

Hotel
Hotel

Grand

Herberge
Harbarg

ROOMS

Wechselstube
Wesselstuuv

EXCHANGE

Koffer
Kuffer

Auto
Auto

Sprache
Spraak

ja / nein
jo / ne

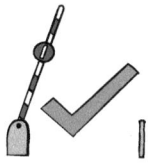

Okay
Jo

Hallo
Moin

Übersetzer
Översetter

Danke
Dank ok

Was kostet…?

Wat kost…?

Ich verstehe nicht

Ik verstah nich

Problem

Problem

Guten Abend!

Goden Avend

Guten Morgen!

Moin!

Gute Nacht!

Gode Nacht!

Auf Wiedersehen

Tschüüs

Richtung

Richt

Gepäck

Bagaasch

Tasche

Tasch

Rucksack

Rüchsack

Gast

Gast

Zimmer

Stuuv

Schlafsack

Slaapsack

Zelt

Telt

Touristeninformation

Touristeninformatschoon

Strand

Strand

Kreditkarte

Kreditkoort

Frühstück

Fröhstück

Mittagessen

Meddageten

Abendessen

Avendeten

Fahrkarte

Fohrkort

Fahrstuhl

Fohrstohl

Briefmarke

Breefmark

Grenze

Grenz

Zoll

Toll

Botschaft

Bottschop

Visum

Visum

Pass

Pass

Flugzeug
Fleger

Schiff
Schipp

Feuerwehrauto
Füerwehrauto

Lastwagen
Lastwagen

Bus
Autobus

Motorboot
Motoorboot

Auto
Auto

Fahrrad
Fohrrad

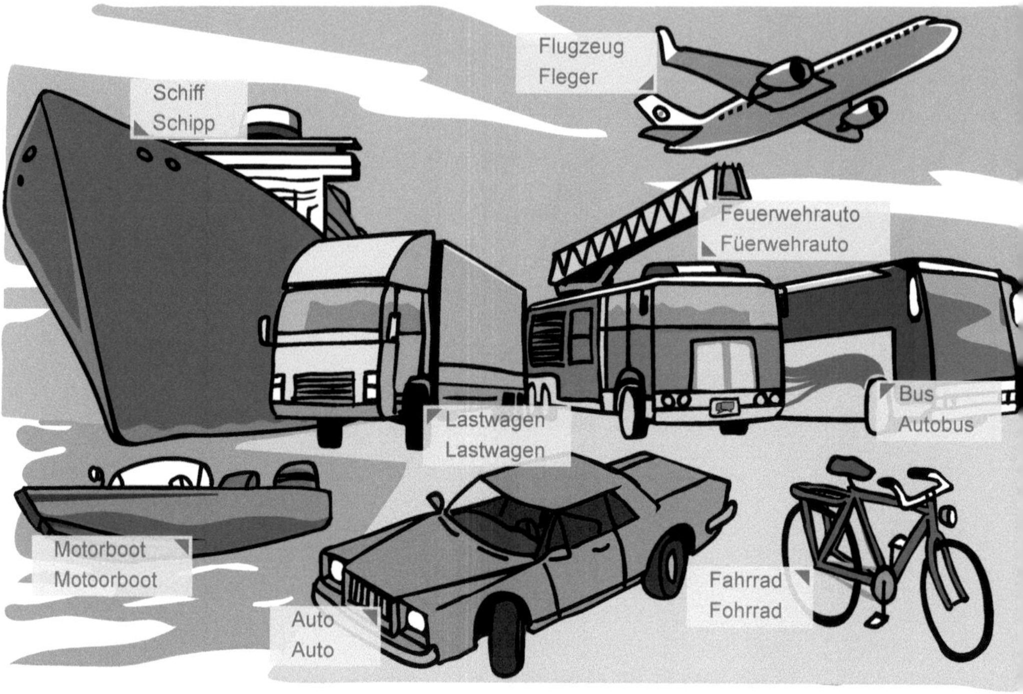

Fähre
Fähr

Boot
Boot

Motorrad
Motoorrad

Polizeiauto
Polizeiauto

Rennauto
Rönnauto

Mietwagen
Lehnwagen

8

Transport - Transport

Carsharing

Carsharing

Abschleppwagen

Afsleepwagen

Müllauto

Müllauto

Motor

Motoor

Kraftstoff

Kraftstoff

Tankstelle

Tanksteed

Verkehrsschild

Verkehrsschild

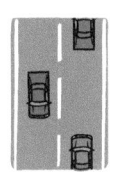

Verkehr

Verkehr

Stau

Stau

Parkplatz

Afstellplatz

Bahnhof

Bahnhoff

Schienen

Sporen

Zug

Tog

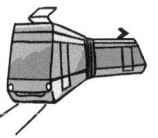

Straßenbahn

Stratenbahn

Wagon

Wagon

Helikopter
Dwarsmöhl

Flughafen
Flooghaven

Tower
Tower

Passagier
Fohrgast

Container
Grootkist

Karton
Karton

Karren
Koor

Korb
Korf

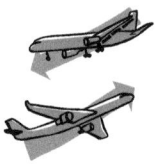

starten / landen
starten / lannen

Stadt
Stadt

Dorf
Dörp

Stadtzentrum
Binnenstadt

Haus
Huus

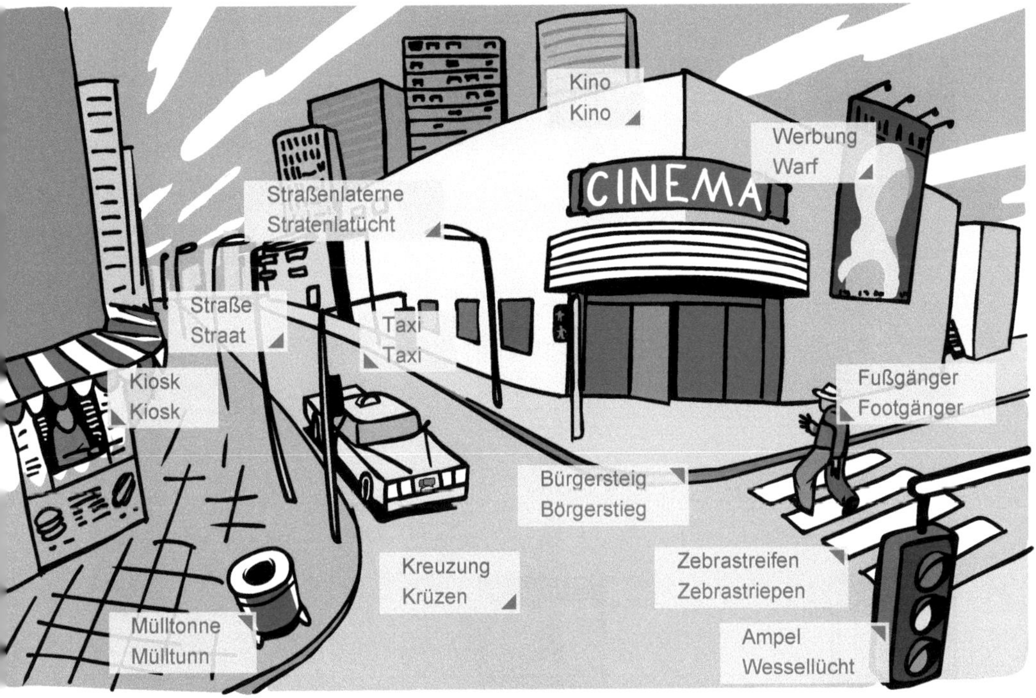

Kino
Kino

Werbung
Warf

Straßenlaterne
Stratenlatücht

CINEMA

Straße
Straat

Taxi
Taxi

Fußgänger
Footgänger

Kiosk
Kiosk

Bürgersteig
Börgerstieg

Kreuzung
Krüzen

Zebrastreifen
Zebrastriepen

Mülltonne
Mülltunn

Ampel
Wessellücht

Hütte
Hütt

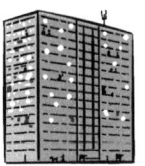

Wohnung
Wahnung

Bahnhof
Bahnhoff

Rathaus
Raathuus

Museum
Museum

Schule
School

Universität

Universität

Bank

Bank

Krankenhaus

Krankenhuus

Hotel

Hotel

Apotheke

Afteek

Büro

Büro

Buchhandlung

Bookhökerie

Geschäft

Hökerie

Blumenladen

Blomenhökerie

Supermarkt

Supermarkt

Markt

Markt

Kaufhaus

Koophuus

Fischhändler

Fischhökerie

Einkaufszentrum

Inkoopszentrum

Hafen

Haven

Park

Parkanlaag

Bank

Bank

Brücke

Brüch

Treppe

Trepp

U-Bahn

Ünnergrundbahn

Tunnel

Tunnel

Bushaltestelle

Busstoppsteed

Bar

Bar

Restaurant

Spieslokal

Briefkasten

Breefkassen

Straßenschild

Stratenschild

Parkuhr

Parkklock

Zoo

Deertenpark

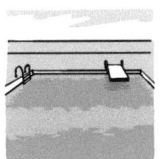

Badeanstalt

Baadanstalt

Moschee

Moschee

Bauernhof

Buernhoff

Umweltverschmutzung

Ümweltversmudden

Friedhof

Karkhoff

Kirche

Kark

Spielplatz

Speelplatz

Tempel

Tempel

Landschaft
Landschop

Blatt
Blatt

Wegweiser
Wiespahl

Weg
Weg

Wiese
Wisch

Stein
Steen

Wanderer
Wannerer

Baum
Boom

Fluss
Fluss

Gras
Gras

Blume
Bloom

Tal

Daal

Berg

Barg

See

See

Wald

Holt

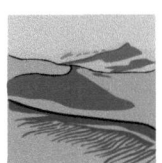

Wüste

Wööst

Vulkan

Füerspien Barg

Schloss

Slott

Regenbogen

Regenbagen

Pilz

Poggenstohl

Palme

Palm

Moskito

Steekmück

Fliege

Fleeg

Ameise

Miegeemk

Biene

Imm

Spinne

Spinn

Käfer

Sebber

Frosch

Pogg

Eichhörnchen

Katteker

Igel

Swienegel

Hase

Haas

Eule

Uul

Vogel

Vagel

Schwan

Swaan

Wildschwein

Wildswien

Hirsch

Hirsch

Elch

Elk

Staudamm

Staudamm

Windrad

Windrad

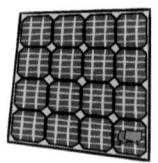

Solarmodul

Solarmodul

Klima

Klima

Restaurant
Spieslokal

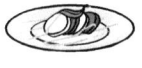

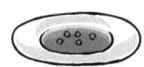

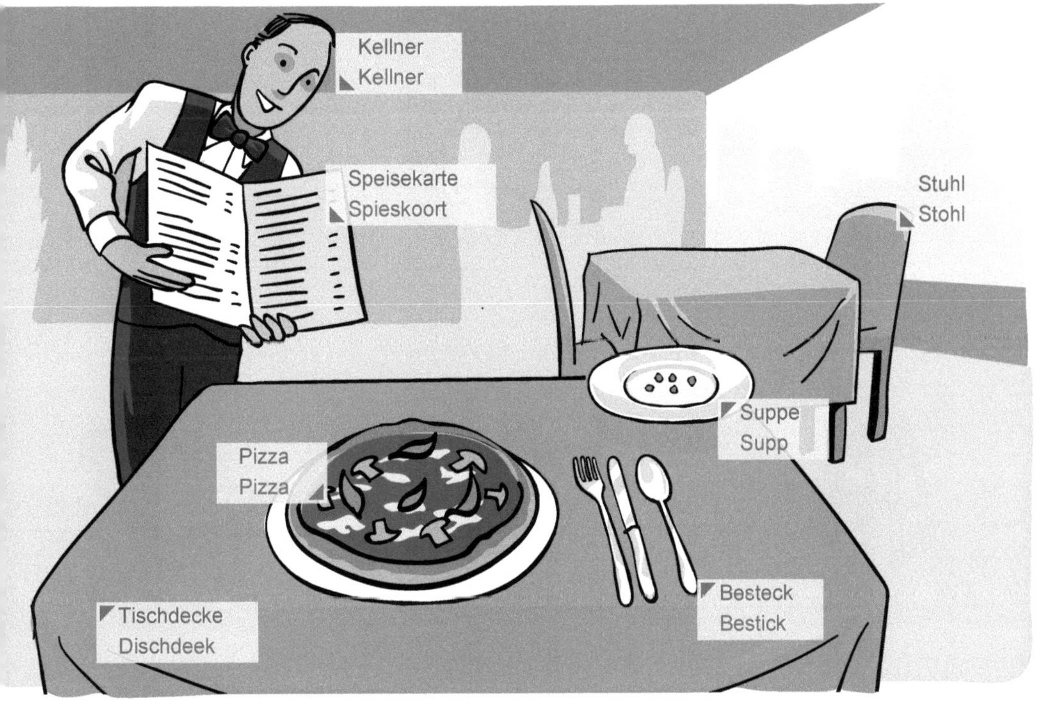

Kellner
Kellner
Speisekarte
Spieskoort
Stuhl
Stohl
Suppe
Supp
Pizza
Pizza
Besteck
Bestick
Tischdecke
Dischdeek

Vorspeise
....
Vörspies

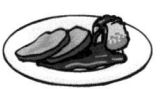

Hauptgericht
....
Haupteten

Nachspeise
....
Nadisch

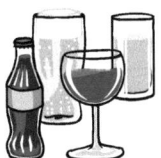

Getränke
....
Drünk

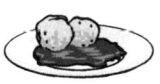

Essen
....
Eten

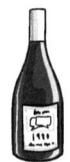

Flasche
....
Buddel

Fastfood
Fastfood

Streetfood
Strateneten

Teekanne
Teekann

Zuckerdose
Zuckerdoos

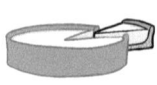

Portion
Portschoon

Espressomaschine
Espressomaschien

Hochstuhl
Hoochstohl

Rechnung
Reken

Tablett
Tablett

Messer
Mess

Gabel
Gavel

Löffel
Lepel

Teelöffel
Teelepel

Serviette
Munddook

Glas
Glas

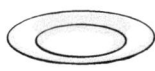

Teller
Töller

Suppenteller
Suppentöller

Untertasse
Ünnertass

Sauce
Sooß

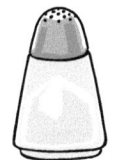

Salzstreuer
Soltstreuer

Pfeffermühle
Pepermöhl

Essig
Etig

Öl
Ööl

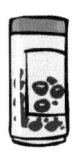

Gewürze
Krüder

Ketchup
Ketchup

Senf
Mostrich

Mayonnaise
Mayonnaise

Supermarkt
Supermarkt

Angebot
Anbott
FOR
Kunde
Kunn
Milchprodukte
Melkprodukten
Obst
Aaft
Einkaufswagen
Inkoopswagen

BUTCHERS

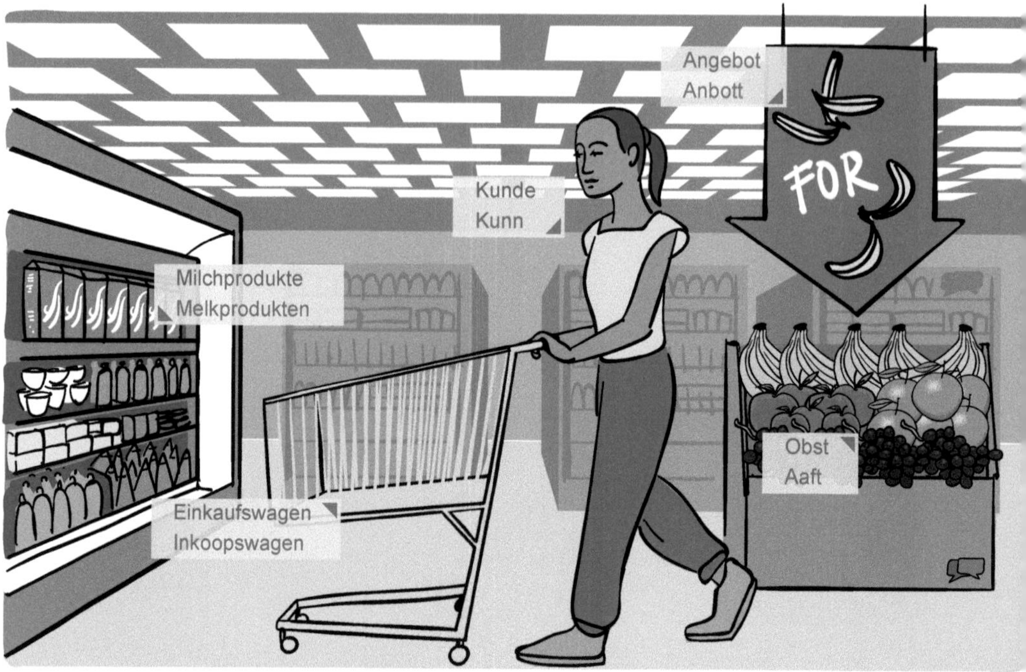

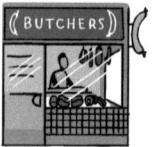

Schlachterei

Slachterie

BAKERY

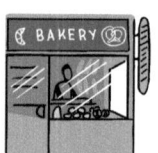

Bäckerei

Bäckerie

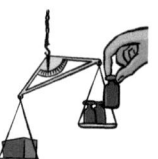

wiegen

wegen

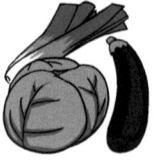

Gemüse

Gröönsaken

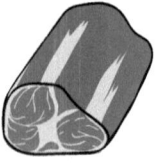

Fleisch

Fleesch

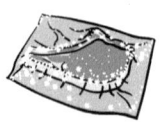

Tiefkühlkost

Deepköhlkost

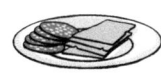

Aufschnitt

Opsnitt

Konserven

Konserven

Waschmittel

Waschmiddel

Süßigkeiten

Snoopkraam

Haushaltsartikel

Huushooltssaken

Reinigungsmittel

Reinmaaktüüch

Verkäuferin

Verköpersche

Kasse

Kass

Kassierer

Kasserer

Einkaufsliste

Inkoopslist

Öffnungszeiten

Opsparrtieden

Brieftasche

Breeftasch

Kreditkarte

Kreditkoort

Tasche

Tasch

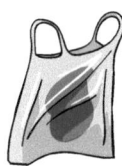

Plastiktüte

Plastiktüüt

Getränke
Drünk

Wasser

Water

Saft

Saft

Milch

Melk

Cola

Cola

Wein

Wien

Bier

Beer

Alkohol

Spriet

Kakao

Kakao

Tee

Tee

Kaffee

Koffie

Espresso

Espresso

Cappuccino

Cappucino

Banane

Banaan

Apfel

Appel

Orange

Appelsien

Melone

Meloon

Zitrone

Zitroon

Karotte

Wöttel

Knoblauch

Knuuvlook

Bambus

Bambus

Zwiebel

Zibbel

Pilz

Poggenstohl

Nüsse

Nööt

Nudeln

Nudeln

Spaghetti

Spaghetti

Reis

Ries

Salat

Salat

Pommes frites

Pommes frites

Bratkartoffeln

Braadkantüffeln

Pizza

Pizza

Hamburger

Hamborger

Sandwich

Sandwich

Schnitzel

Snitzel

Schinken

Schinken

Salami

Salami

Wurst

Wust

Huhn

Hohn

Braten

Braden

Fisch

Fisch

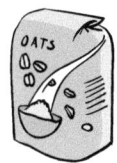

Haferflocken
Haverflocken

Müsli
Müsli

Cornflakes
Cornflakes

Mehl
Mehl

Croissant
Croissant

Brötchen
Rundstück

Brot
Broot

Toast
Toast

Kekse
Keksen

Butter
Botter

Quark
Quark

Kuchen
Koken

Ei
Ei

Spiegelei
Spegelei

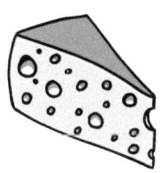

Käse
Kees

Eiscreme

Ies

Zucker

Zucker

Honig

Honnig

Marmelade

Marmelaad

Nougat-Creme

Nougat-Creme

Curry

Curry

Bauernhof
Buernhoff

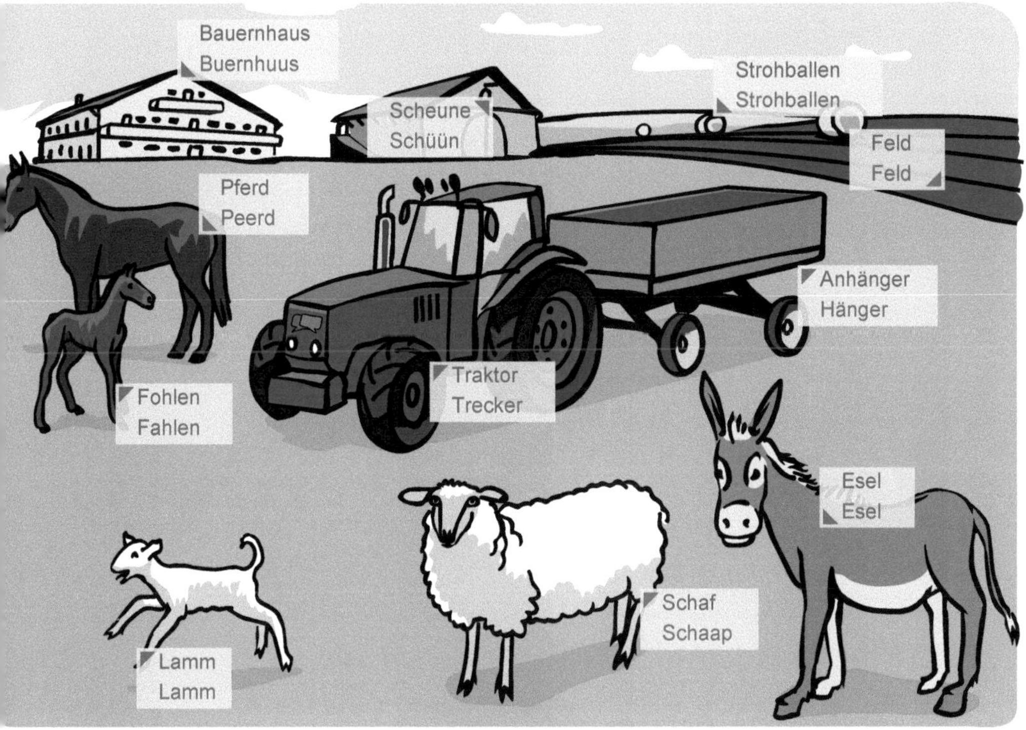
Bauernhaus
Buernhuus
Scheune
Schüün
Strohballen
Strohballen
Feld
Feld
Pferd
Peerd
Anhänger
Hänger
Traktor
Trecker
Fohlen
Fahlen
Esel
Esel
Schaf
Schaap
Lamm
Lamm

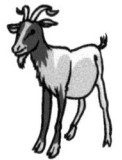

Ziege
Zeeg

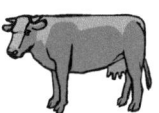

Kuh
Koh

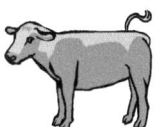

Kalb
Kalf

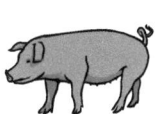

Schwein
Swien

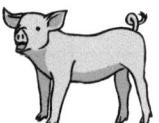

Ferkel
Farken

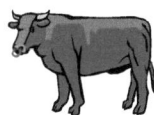

Bulle
Bull

Gans
Goos

Ente
Aant

Küken
Küken

Huhn
Hohn

Hahn
Hahn

Ratte
Rott

Katze
Katt

Maus
Muus

Ochse
Oss

Hund
Hund

Hundehütte
Hunnenhütt

Gartenschlauch
Goornslauch

Gießkanne
Geetkann

Sense
Lee

Pflug
Ploog

Sichel
Sich

Hacke
Hack

Mistgabel
Mestfork

Axt
Ext

Schubkarre
Schuufkoor

Trog
Trog

Milchkanne
Melkkann

Sack
Sack

Zaun
Tuun

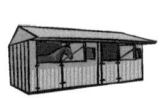

Stall
Stall

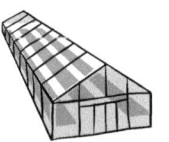

Treibhaus
Drievhuus

Boden
Bodden

Saat
Saat

Dünger
Dünger

Mähdrescher
Meihdöscher

ernten

oornen

Ernte

Oorn

Yamswurzel

Yamswöttel

Weizen

Weten

Soja

Soja

Kartoffel

Kantüffel

Mais

Törksche Weten

Raps

Rapp

Obstbaum

Aaftboom

Maniok

Troopsch Kantüffel

Getreide

Koorn

Haus
Huus

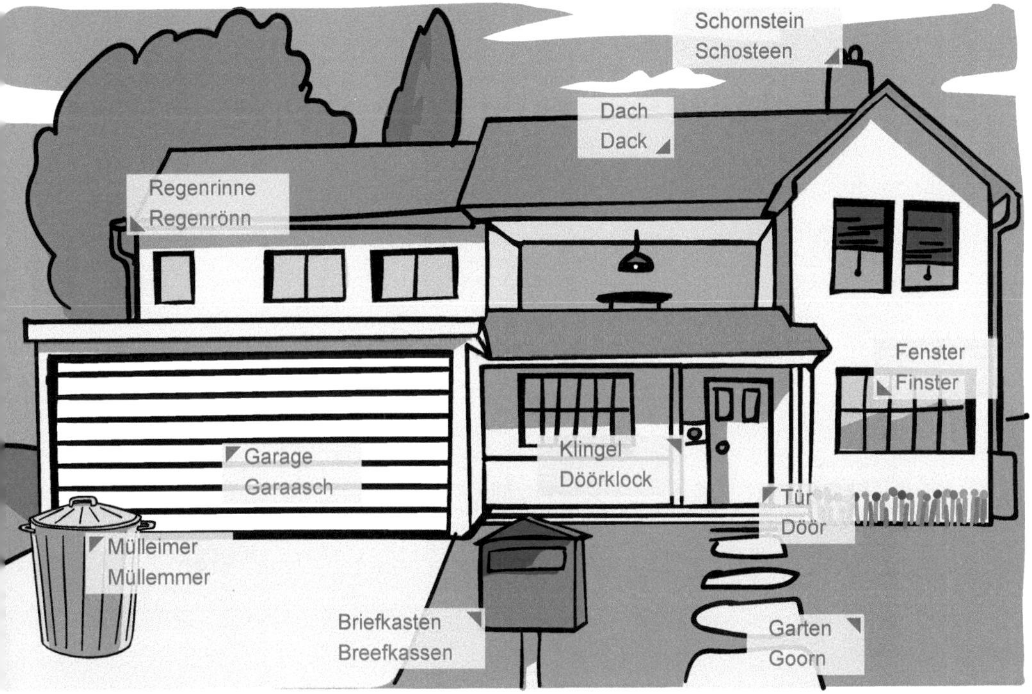
Schornstein
Schosteen
Dach
Dack
Regenrinne
Regenrönn
Fenster
Finster
Garage
Garaasch
Klingel
Döörklock
Tür
Döör
Mülleimer
Müllemmer
Briefkasten
Breefkassen
Garten
Goorn

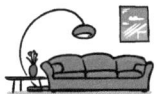

Wohnzimmer

Wahnstuuv

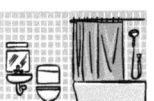

Badezimmer

Baadstuuv

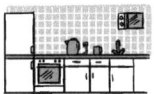

Küche

Köök

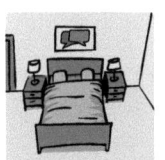

Schlafzimmer

Slaapstuuv

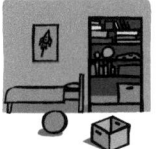

Kinderzimmer

Kinnerstuuv

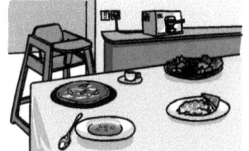

Esszimmer

Eetstuuv

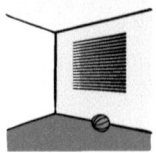

Boden

Footbodden

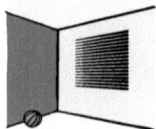

Wand

Wand

Decke

Deek

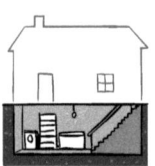

Keller

Keller

Sauna

Hittluftbad

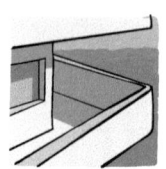

Balkon

Balkon

Terrasse

Terrass

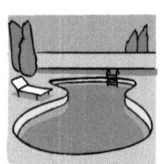

Schwimmbad

Swümmbad

Rasenmäher

Rasenmeiher

Bettbezug

Bettbetog

Bettdecke

Bettdeek

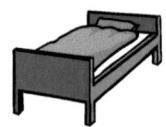

Bett

Puuch

Besen

Bessen

Eimer

Emmer

Schalter

Schalter

Wohnzimmer
Wahnstuuv

Tapete
Tapeet
Bild
Bild
Lampe
Lamp
Regal
Regal
Schrank
Schapp
Fernseher
Kiekkassen
Kamin
Kamin
Blume
Bloom
Kissen
Küssen
Sofa
Sofa
Vase
Vaas
Fernbedienung
Feernbedenen

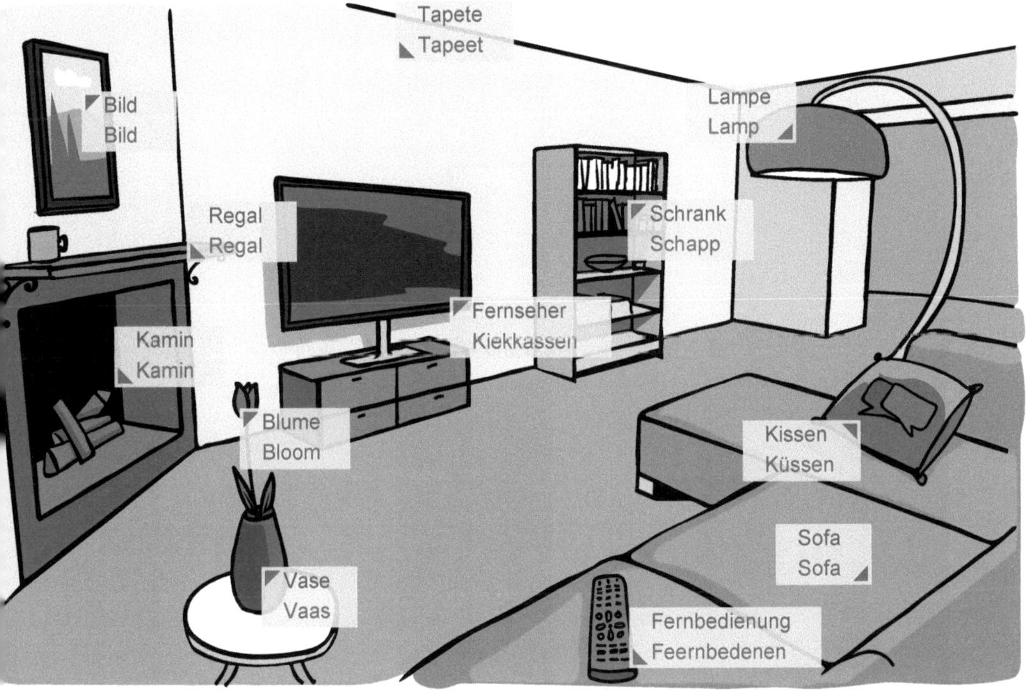

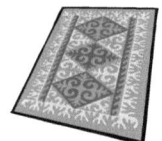

Teppich
Teppich

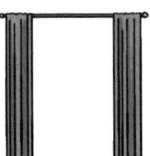

Vorhang
Vörhang

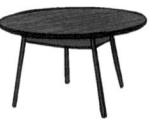

Tisch
Disch

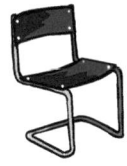

Stuhl
Stohl

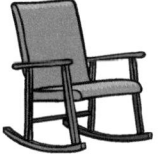

Schaukelstuhl
Schuckelstohl

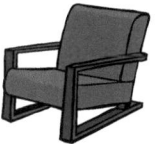

Sessel
Sessel

Buch
Book

Decke
Deek

Dekoration
Dekoratschoon

Feuerholz
Füerholt

Film
Film

Stereoanlage
Stereoanlaag

Schlüssel
Slötel

Zeitung
Narichtenblatt

Gemälde
Gemälde

Poster
Poster

Radio
Radio

Notizblock
Opschrievblock

Staubsauger
Huulbessen

Kaktus
Kaktus

Kerze
Kars

Küche
Köök

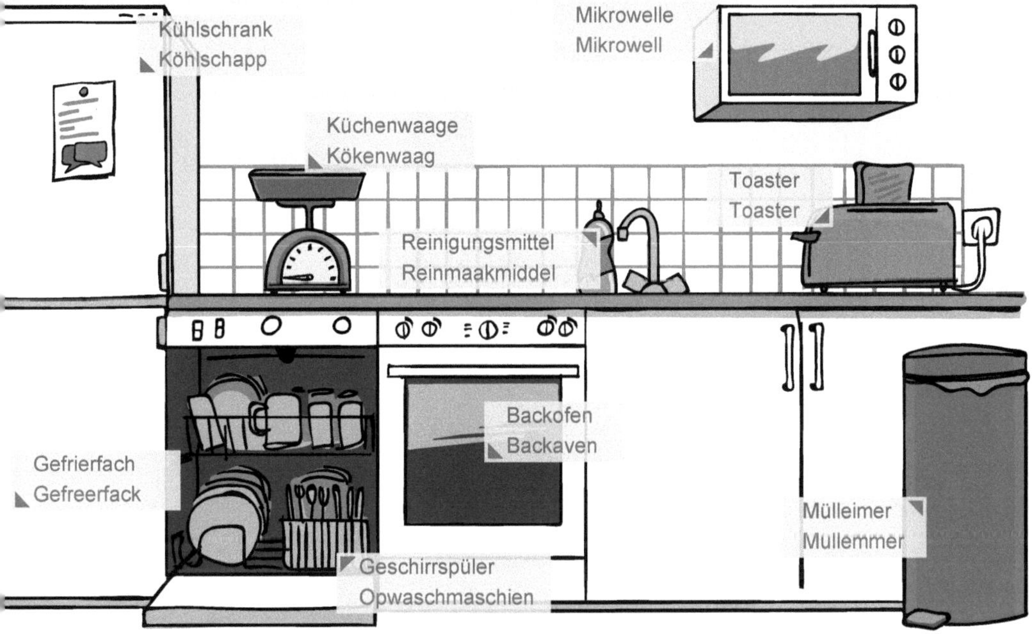

Kühlschrank
Köhlschapp
Mikrowelle
Mikrowell
Küchenwaage
Kökenwaag
Toaster
Toaster
Reinigungsmittel
Reinmaakmiddel
Backofen
Backaven
Gefrierfach
Gefreerfack
Mülleimer
Mullemmer
Geschirrspüler
Opwaschmaschien

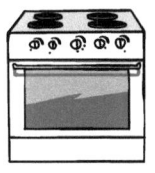

Herd
Heerd

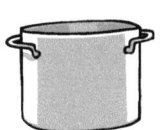

Topf
Pott

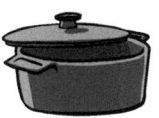

Eisentopf
Gussiesern Putt

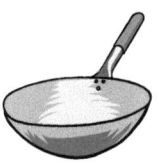

Wok / Kadai
Wok / Kadai

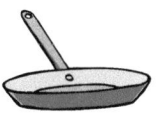

Pfanne
Pann

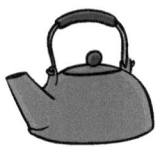

Wasserkocher
Waterkaker

Dampfgarer

Dampkaakputt

Backblech

Backblick

Geschirr

Geschirr

Becher

Beker

Schale

Schaal

Essstäbchen

Eetsticken

Suppenkelle

Suppenkell

Pfannenwender

Pannenwenner

Schneebesen

Sneebessen

Kochsieb

Kaakseef

Sieb

Seef

Reibe

Riev

Mörser

Mörser

Grill

Grill

Feuerstelle

Füerstell

Schneidebrett

Sniedbrett

Nudelholz

Nudelholt

Korkenzieher

Proppentrecker

Dose

Doos

Dosenöffner

Dosenaapner

Topflappen

Pottlappen

Waschbecken

Waschbecken

Bürste

Böst

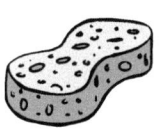

Schwamm

Swamm

Mixer

Mixer

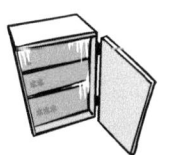

Gefriertruhe

Iesschapp

Babyflasche

Nuckelbuddel

Wasserhahn

Waterhahn

Badezimmer

Baadstuuv

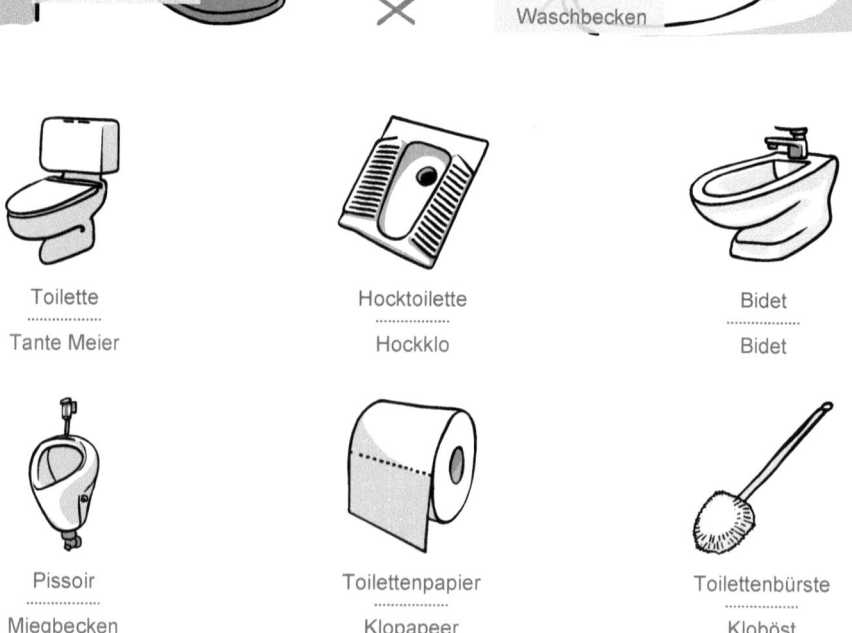

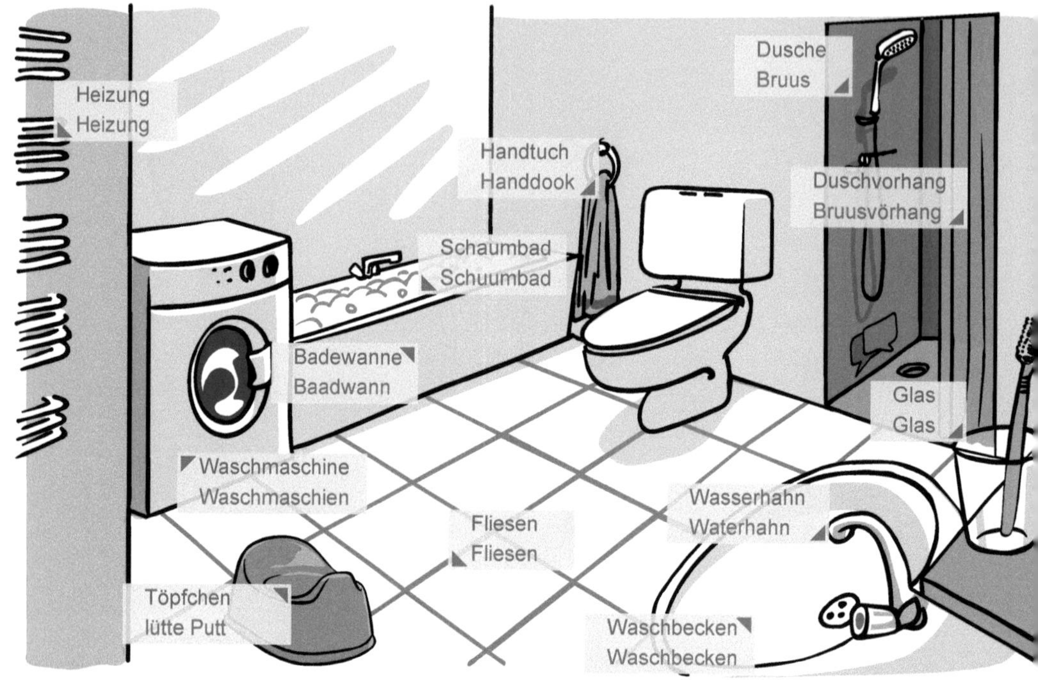
Heizung
Heizung
Dusche
Bruus
Handtuch
Handdook
Duschvorhang
Bruusvörhang
Schaumbad
Schuumbad
Badewanne
Baadwann
Glas
Glas
Waschmaschine
Waschmaschien
Wasserhahn
Waterhahn
Fliesen
Fliesen
Töpfchen
lütte Putt
Waschbecken
Waschbecken

Toilette
Tante Meier

Hocktoilette
Hockklo

Bidet
Bidet

Pissoir
Miegbecken

Toilettenpapier
Klopapeer

Toilettenbürste
Kloböst

Zahnbürste

Tähnböst

Zahnpasta

Tähnpast

Zahnseide

Tähnsied

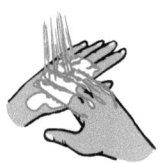

waschen

waschen

Handbrause

Handbruus

Intimdusche

Intimbruus

Waschschüssel

Waschschöttel

Rückenbürste

Rüchböst

Seife

Seep

Duschgel

Bruusgeel

Shampoo

Hoorwaschmiddel

Waschlappen

Waschlappen

Abfluss

Afloop

Creme

Creme

Deodorant

Deodorant

Spiegel

Spegel

Kosmetikspiegel

Kosmetikspegel

Rasierer

Raserer

Rasierschaum

Raseerschuum

Rasierwasser

Raseerwater

Kamm

Kamm

Bürste

Böst

Föhn

Hoordröger

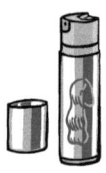

Haarspray

Hoorspray

Makeup

Smink

Lippenstift

Lippensticken

Nagellack

Nagellack

Watte

Watt

Nagelschere

Nagelscheer

Parfum

Rüükwater

Kulturbeutel

Kulturbüdel

Hocker

Schemel

Waage

Waag

Bademantel

Baadmantel

Gummihandschuhe

Gummihanschen

Tampon

Tampon

Damenbinde

Damenbinn

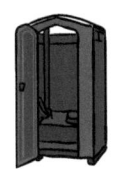

Chemietoilette

Chemieklo

Kinderzimmer

Kinnerstuuv

Wecker
Wecker
Kuscheltier
Knudeldeert
Spielzeugauto
Speeltüüchauto
Rassel
Klöter
Puppenhaus
Poppenhuus
Geschenk
Geschenk

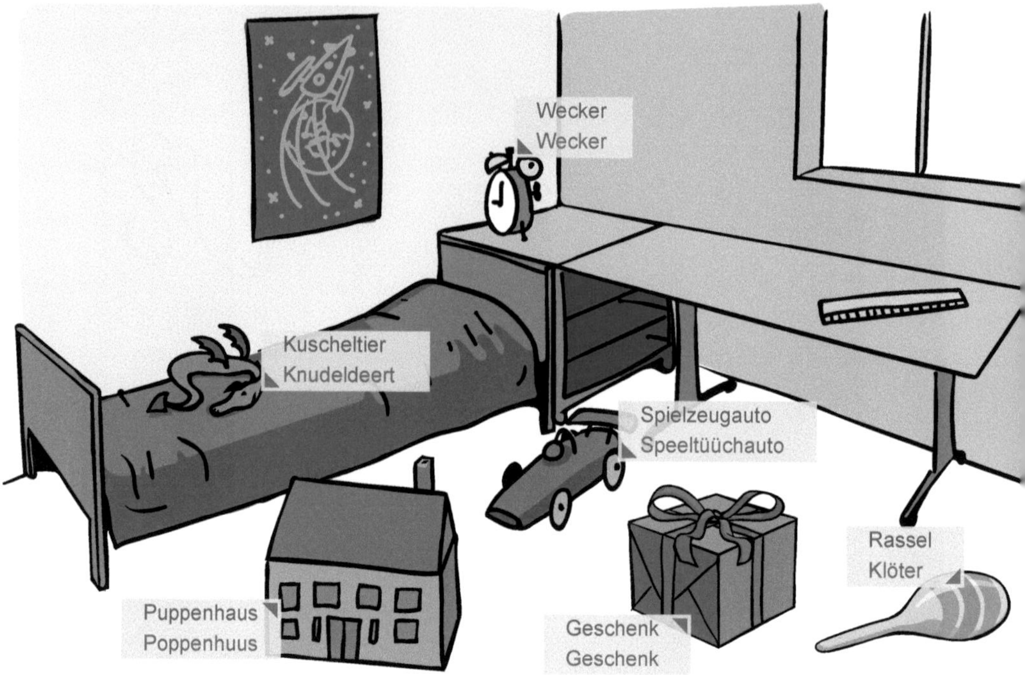

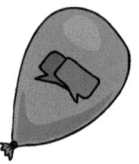

Ballon

Luftballon

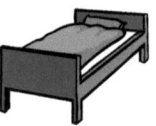

Bett

Puuch

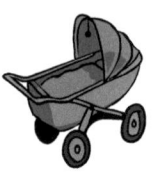

Kinderwagen

Kinnerwagen

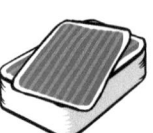

Kartenspiel

Koortenspeel

Puzzle

Puzzle

SUPER
MEGA

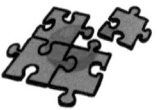

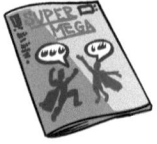

Comic

Billergeschicht

Legosteine

Legostenen

Bausteine

Bustenen

Action Figur

Action-Figur

Strampelanzug

Strampelantog

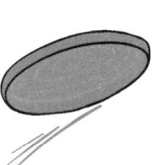

Frisbee

Frisbeeschiev

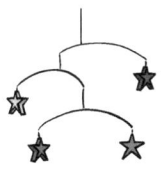

Mobile

Mobile

Brettspiel

Brettspeel

Würfel

Wörpel

Modelleisenbahn

Modelliesenbahn

Schnuller

Snuller

Party

Party

Bilderbuch

Billerbook

Ball

Ball

Puppe

Popp

spielen

spelen

Sandkasten

Sandkassen

Schaukel

Schuckel

Spielzeug

Speeltüüch

Spielkonsole

Speelkonsool

Dreirad

Dreerad

Teddy

Teddyboor

Kleiderschrank

Klederschapp

Kleidung

Tüüch

Socken

Socken

Strümpfe

Strümp

Strumpfhose

Strumpbüx

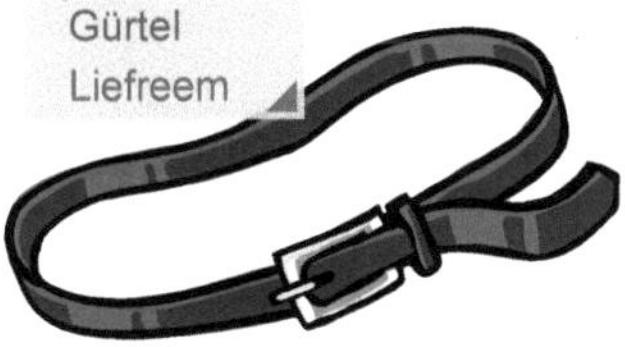

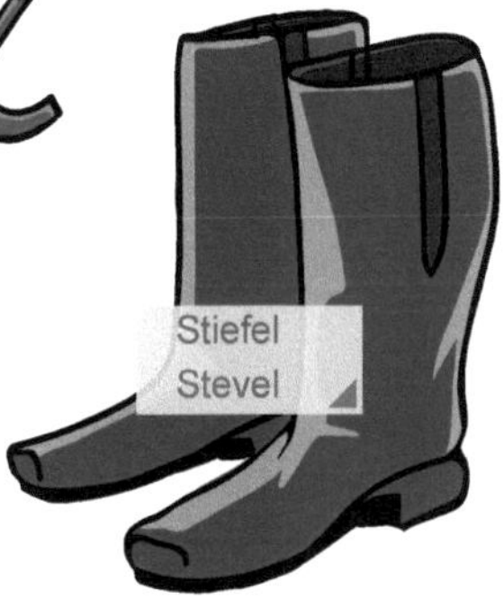

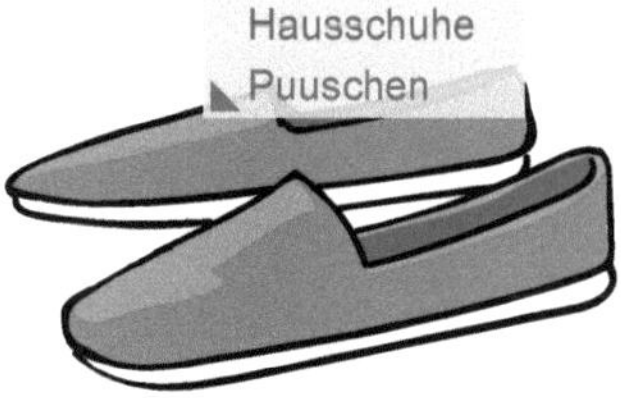

Schal
Halsdook

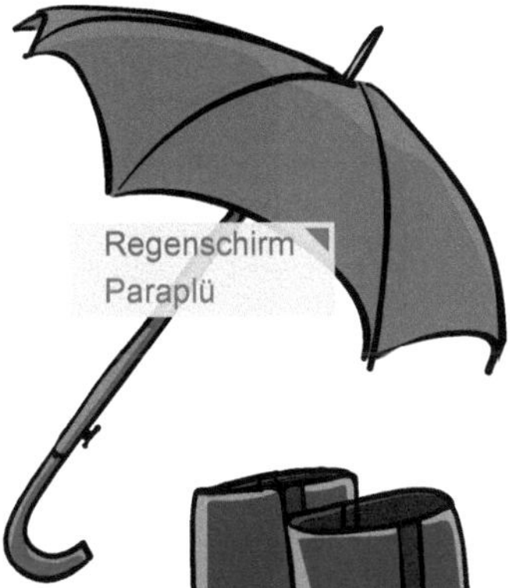

Regenschirm
Paraplü

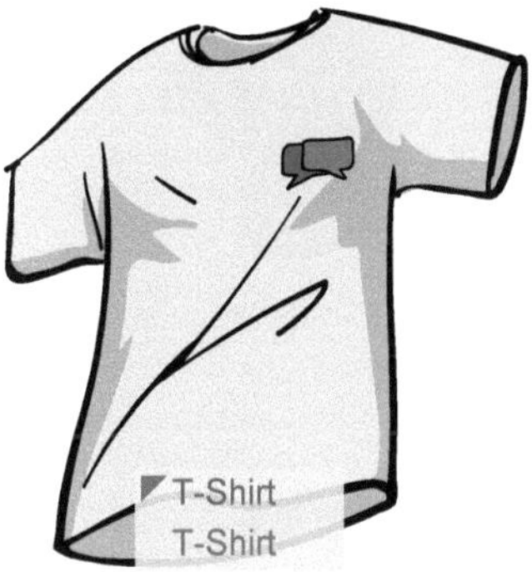

Gürtel
Liefreem

T-Shirt
T-Shirt

Stiefel
Stevel

Hausschuhe
Puuschen

Turnschuhe
Turnschoh

Sandalen
Sandalen

Schuhe
Schoh

Gummistiefel
Gummistevel

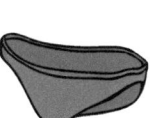

Unterhose
Ünnerbüx

Büstenhalter
Bostholler

Unterhemd
Ünnerhemd

Kleidung - Tüüch

45

Body
....
Lief

Hose
....
Büx

Jeans
....
Jeansnüx

Rock
....
Rock

Bluse
....
Bluus

Hemd
....
Hemd

Pullover
....
Pullover

Kapuzenpullover
....
Kapuzenpullover

Blazer
....
Blazer

Jacke
....
Jack

Mantel
....
Mantel

Regenmantel
....
Övertrecker

Kostüm
....
Kostüm

Kleid
....
Kleed

Hochzeitskleid
....
Hochtietskleed

Kleidung - Tüüch

Anzug

Antog

Nachthemd

Nachtkleed

Schlafanzug

Slaapantog

Sari

Sari

Kopftuch

Koppdook

Turban

Turban

Burka

Burka

Kaftan

Kaftan

Abaya

Abaya

Badeanzug

Baadantog

Badehose

Baadbüx

Kurze Hose

Korte Büx

Trainingsanzug

Antog to'n Öven

Schürze

Schört

Handschuhe

Handschoh

Knopf

Knopp

Brille

Brill

Armband

Armband

Halskette

Halskeed

Ring

Ring

Ohrring

Ohrbummel

Mütze

Mütz

Kleiderbügel

Klederbögel

Hut

Hoot

Krawatte

Binner

Reißverschluss

Rietslüter

Helm

Helm

Hosenträger

Drachtband

Schuluniform

Schooluniform

Uniform

Uniform

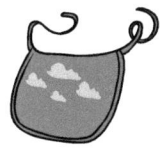

Lätzchen

Severböten

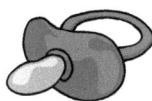

Schnuller

Snuller

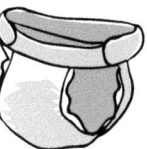

Windel

Winnel

Büro

Büro

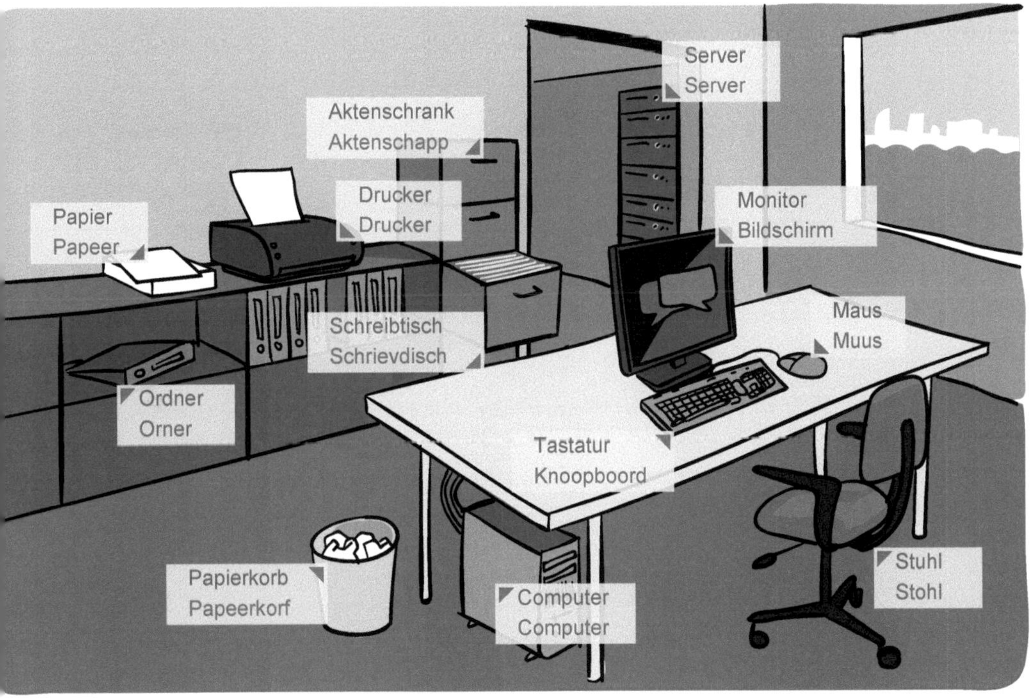
Server
Server
Aktenschrank
Aktenschapp
Drucker
Drucker
Papier
Papeer
Monitor
Bildschirm
Maus
Muus
Schreibtisch
Schrievdisch
Ordner
Orner
Tastatur
Knoopboord
Papierkorb
Papeerkorf
Computer
Computer
Stuhl
Stohl

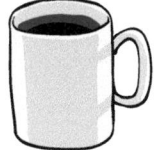

Kaffeebecher

Koffiebeker

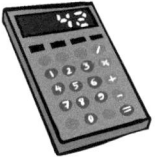

Taschenrechner

Taschenreekner

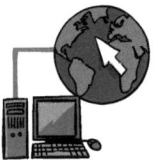

Internet

Internet

Laptop
....
Klappreekner

Brief
....
Breef

Nachricht
....
Naricht

Handy
....
Ackersnacker

Netzwerk
....
Nettwark

Kopierer
....
Kopeerapparat

Software
....
Software

Telefon
....
Klöönkassen

Steckdose
....
Steekdoos

Fax
....
Faxapparat

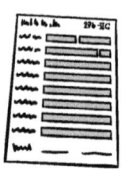

Formular
....
Formulor

Dokument
....
Dokument

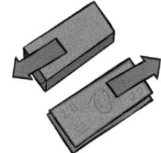

kaufen
köpen

bezahlen
betahlen

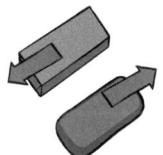

handeln
hanneln

Geld
Geld

Dollar
Dollar

Euro
Euro

Yen
Yen

Rubel
Ruvel

Franken
Swiezer Franken

Renminbi Yuan
Renminbi Yuan

Rupie
Rupie

Geldautomat
Geldautomat

Wechselstube

Wesselstuuv

Gold

Gold

Silber

Sülver

Öl

Ööl

Energie

Energie

Preis

Pries

Vertrag

Verdrag

Steuer

Stüer

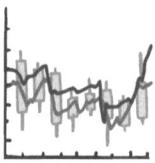

Aktie

Andeelschien

arbeiten

arbeiden

Angestellter

Anstellte

Arbeitgeber

Arbeitgever

Fabrik

Fabrik

Geschäft

Hökerie

Berufe
Profeschonen

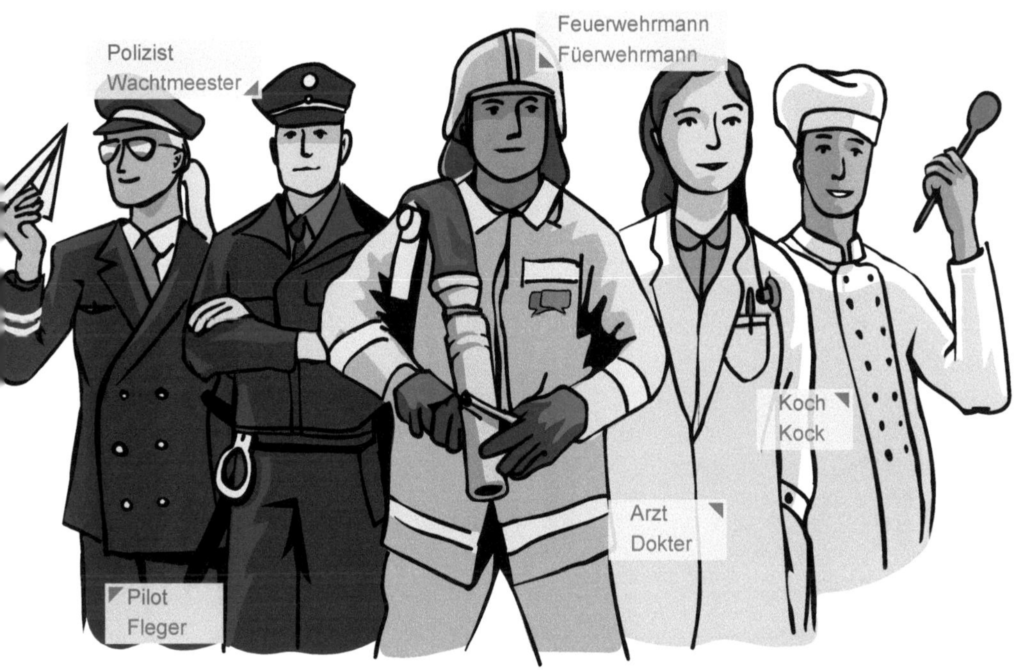
Polizist
Wachtmeester
Feuerwehrmann
Füerwehrmann
Koch
Kock
Arzt
Dokter
Pilot
Fleger

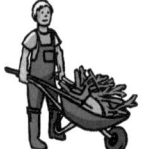

Gärtner

Goorner

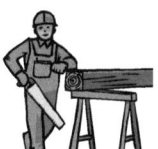

Tischler

Discher

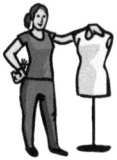

Näherin

Neihersche

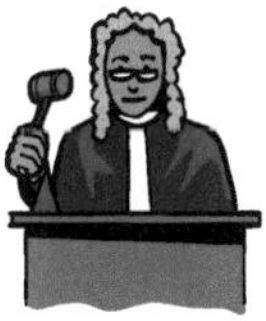

Richter

Richter

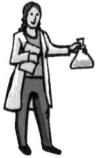

Chemiker

Chemiker

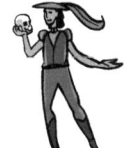

Schauspieler

Schauspeler

Busfahrer

Busfohrer

Taxifahrer

Taxifohrer

Fischer

Fischer

Putzfrau

Reinmaakfru

Dachdecker

Dackdecker

Kellner

Kellner

Jäger

Jäger

Maler

Maler

Bäcker

Bäcker

Elektriker

Elektriker

Bauarbeiter

Buarbeider

Ingenieur

Ingenieur

Schlachter

Slachter

Klempner

Klempner

Postbote

Postbüdel

Berufe - Profeschonen

Soldat

Suldat

Architekt

Architekt

Kassierer

Kasserer

Florist

Florist

Friseur

Putzbüdel

Schaffner

Schaffner

Mechaniker

Mechaniker

Kapitän

Kaptein

Zahnarzt

Tähndokter

Wissenschaftler

Wetenschopler

Rabbi

Rabbi

Imam

Imam

Mönch

Mönk

Geistlicher

Paap

Werkzeuge
Warktüüch

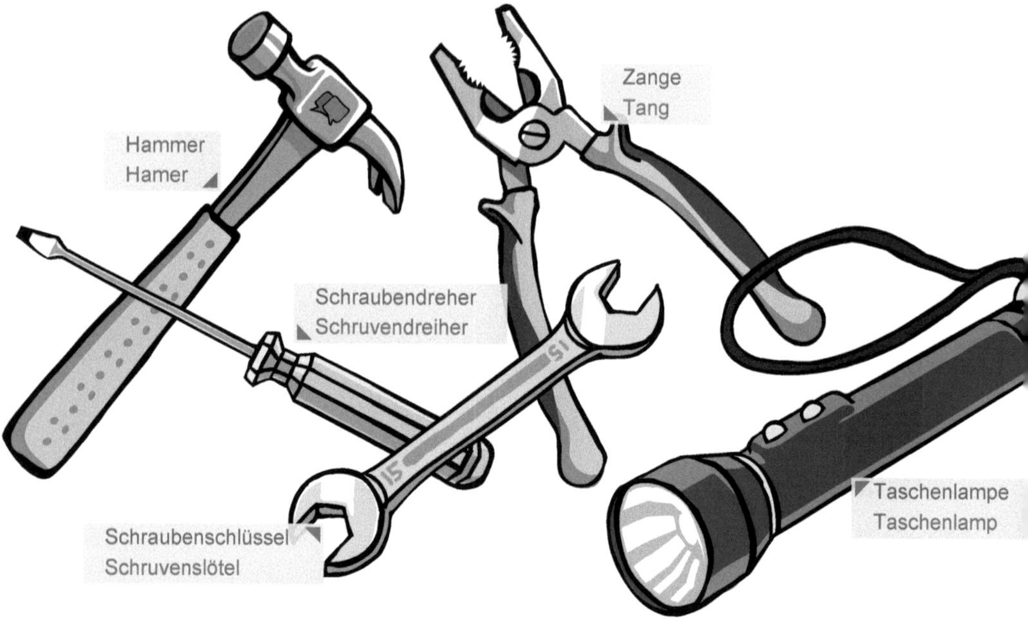
Hammer
Hamer
Zange
Tang
Schraubendreher
Schruvendreiher
Schraubenschlüssel
Schruvenslötel
Taschenlampe
Taschenlamp

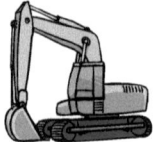

Bagger

Grieper

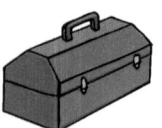

Werkzeugkasten

Warktüüchkassen

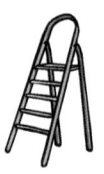

Leiter

Ledder

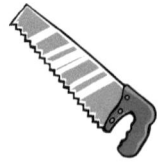

Säge

Saag

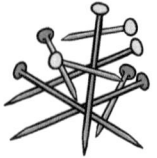

Nägel

Nagels

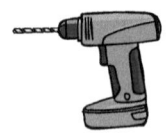

Bohrer

Bohrer

reparieren
heelmaken

Schaufel
Schüffel

Mist!
Schiet!

Kehrblech
Kehrblick

Farbtopf
Farvpott

Schrauben
Schruven

Musikinstrumente
Musikinstrumenten

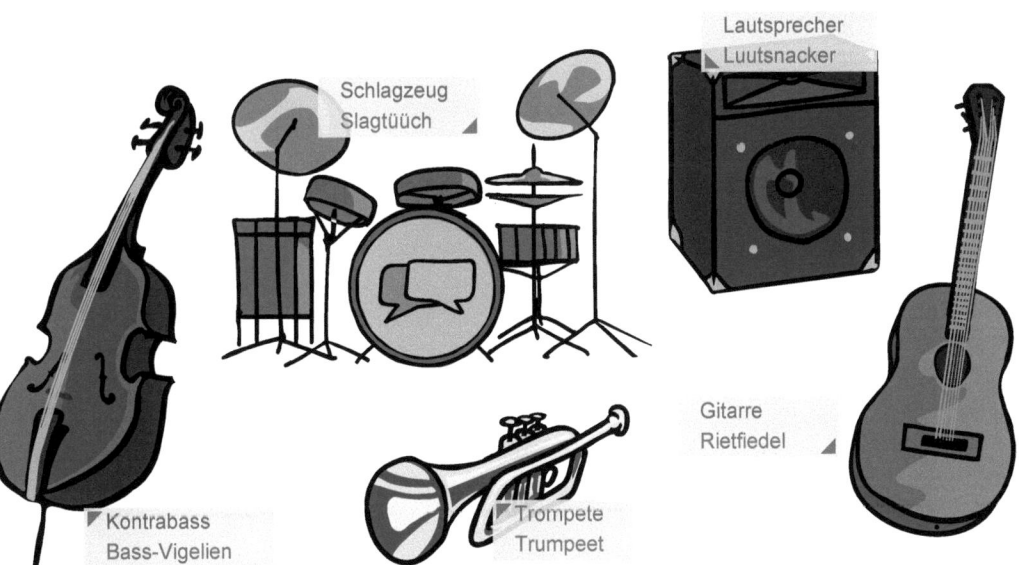

Schlagzeug
Slagtüüch

Lautsprecher
Luutsnacker

Kontrabass
Bass-Vigelien

Trompete
Trumpeet

Gitarre
Rietfiedel

Klavier

Klaveer

Violine

Vigelien

Bass

Bass

Pauke

Pauk

Trommeln

Trummeln

Keyboard

Keyboard

Saxophon

Saxophon

Flöte

Fleut

Mikrofon

Mikrofoon

Zoo
Deertenpark

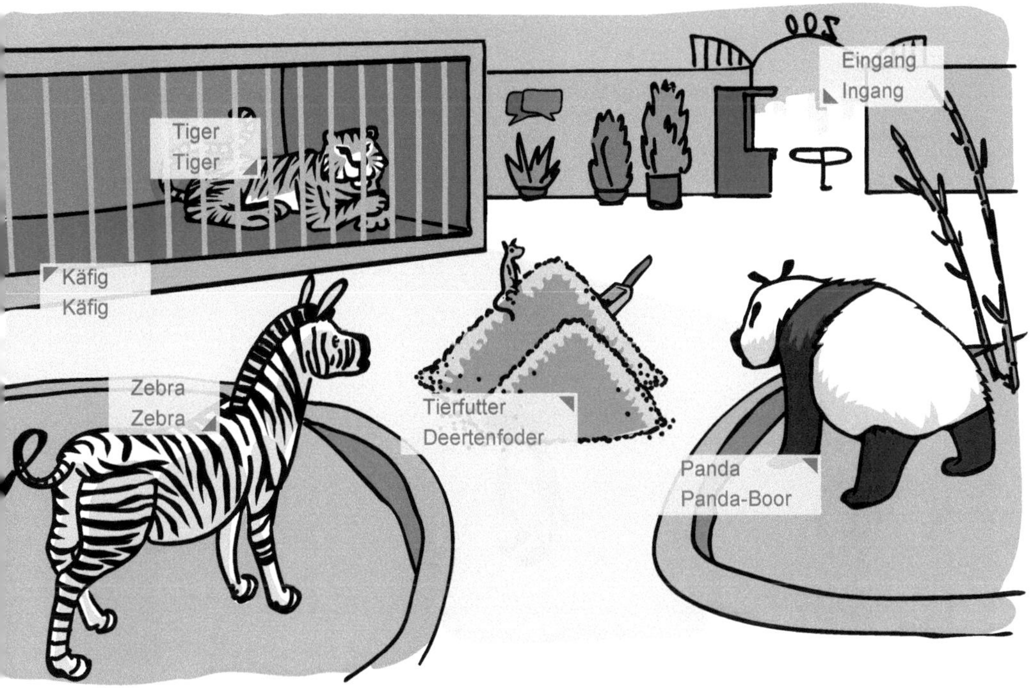
Eingang
Ingang
Tiger
Tiger
Käfig
Käfig
Zebra
Zebra
Tierfutter
Deertenfoder
Panda
Panda-Boor

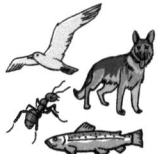

Tiere
Deerten

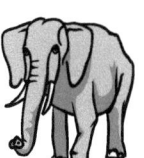

Elefant
Elefant

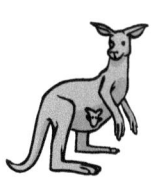

Känguru
Känguru

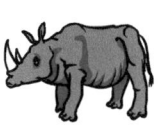

Nashorn
Neeshoorn

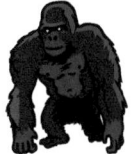

Gorilla
Gorilla

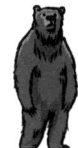

Bär
Boor

Kamel

Kameel

Strauß

Struuß

Löwe

Lööv

Affe

Aap

Flamingo

Flamingo

Papagei

Papagoi

Eisbär

Iesboor

Pinguin

Pinguin

Hai

Haifisch

Pfau

Pageluun

Schlange

Slang

Krokodil

Krokodil

Zoowärter

Oppasser in'n Deertenpark

Robbe

Saalhund

Jaguar

Jaguor

Pony
Pony

Leopard
Leopard

Nilpferd
Nilpeerd

Giraffe
Giraff

Adler
Aadler

Wildschwein
Wildswien

Fisch
Fisch

Schildkröte
Schildkrööt

Walross
Walross

Fuchs
Voss

Gazelle
Gazell

American Football
Amerikaansch Football

Radfahren
Radfohren

Tennis
Tennis

Basketball
Korfball

Schwimmen
Swümmen

Boxen
Boxen

Eishockey
Ieshockey

Fußball
Football

Badminton
Fedderball

Leichtathletik
Leichtathletik

Handball
Handball

Skilaufen
Skilopen

Polo
Polo

Aktivitäten
Aktivitäten

lachen
lachen
springen
springen
umarmen
ümarmen
gehen
gahn
singen
singen
träumen
drömen
beten
beden
küssen
snuteln

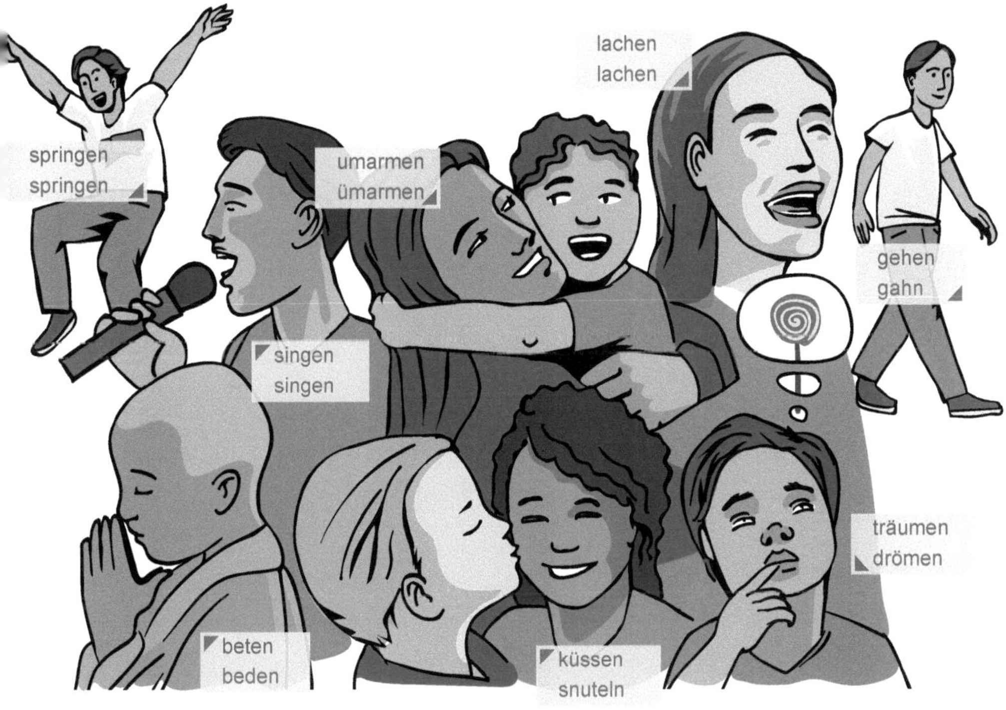

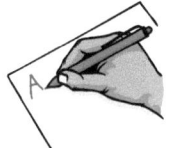

schreiben
schrieven

zeichnen
teken

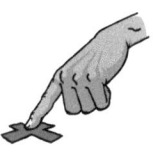

zeigen
wiesen

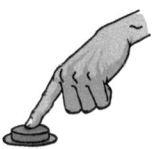

drücken
drücken

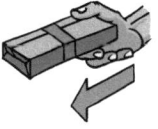

geben
geven

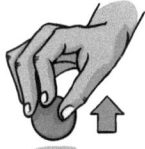

nehmen
nehmen

haben
hebben

tun
doon

sein
sien

stehen
stahn

laufen
lopen

ziehen
trecken

werfen
smieten

fallen
fallen

liegen
liggen

warten
töven

tragen
dregen

sitzen
sitten

anziehen
antrecken

schlafen
slapen

aufwachen
opwaken

ansehen

ankieken

weinen

wenen

streicheln

eien

kämmen

kämmen

reden

snacken

verstehen

verstahn

fragen

fragen

hören

hören

trinken

drinken

essen

eten

aufräumen

oprümen

lieben

leefhebben

kochen

kaken

fahren

fohren

fliegen

flegen

segeln
....
segeln

rechnen
....
reken

lesen
....
lesen

lernen
....
lehren

arbeiten
....
arbeiden

heiraten
....
de Plünnen tohoopsmieten

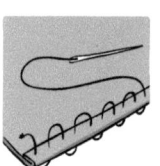

nähen
....
neihen

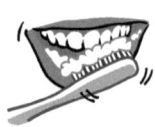

Zähne putzen
....
Tähnen putzen

töten
....
dootmaken

rauchen
....
smöken

senden
....
schicken

Familie
Familje

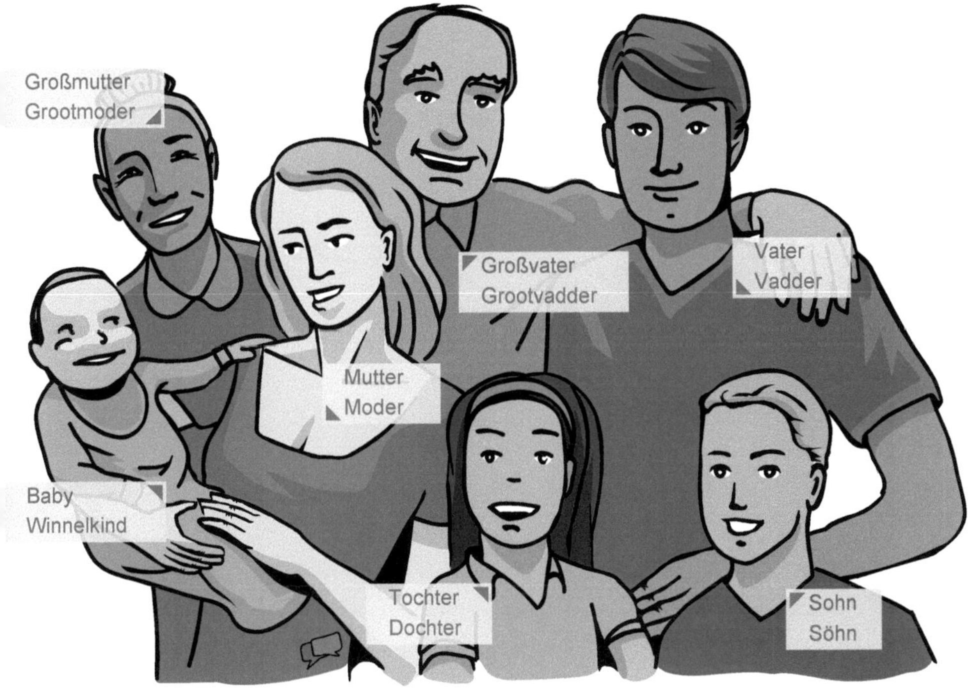
Großmutter
Grootmoder
Großvater
Grootvadder
Vater
Vadder
Mutter
Moder
Baby
Winnelkind
Tochter
Dochter
Sohn
Söhn

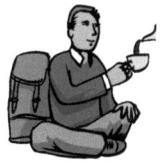

Gast

Gast

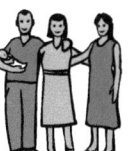

Tante

Tant

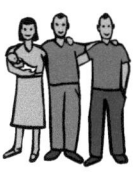

Onkel

Unkel

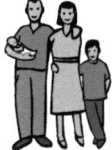

Bruder

Broder

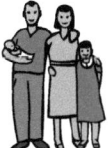

Schwester

Süster

Körper
Lief

Stirn
Vörkopp
Auge
Oog
Schulter
Schuller
Finger
Finger
Gesicht
Gesicht
Kinn
Kinn
Hand
Hand
Bein
Been
Brust
Bost
Arm
Arm

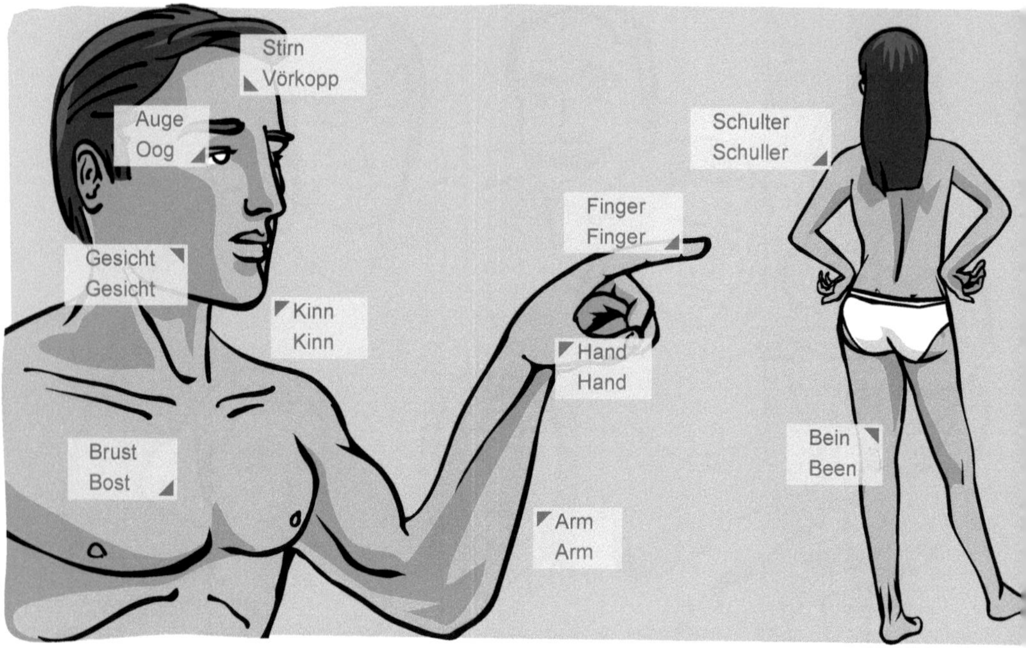

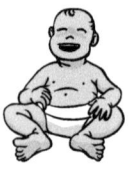

Baby
Winnelkind

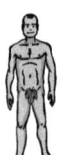

Mann
Mann

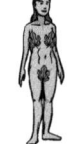

Frau
Fro

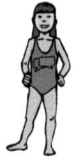

Mädchen
Deern

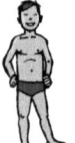

Junge
Jung

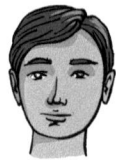

Kopf
Arm

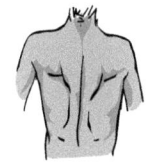

Rücken
Rüch

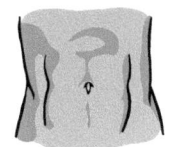

Bauch
Buuk

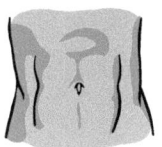

Nabel
Navel

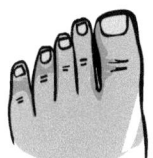

Zeh
Teh

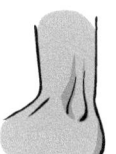

Ferse
Hack

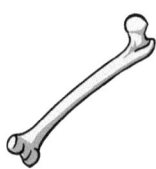

Knochen
Knaken

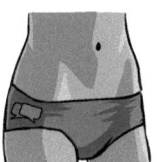

Hüfte
Hüft

Knie
Knee

Ellenbogen
Ellbagen

Nase
Nees

Gesäß
Achtersen

Haut
Huut

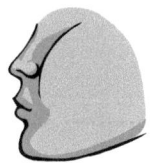

Wange
Back

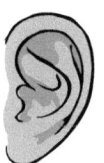

Ohr
Ohr

Lippe
Lipp

Mund

Mund

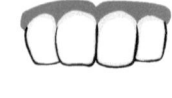

Zahn

Tähn

Zunge

Tung

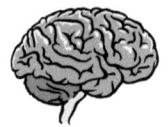

Gehirn

Bregen

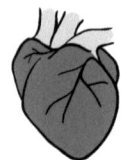

Herz

Hart

Muskel

Muskel

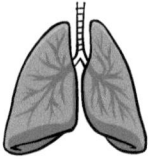

Lunge

Lung

Leber

Lever

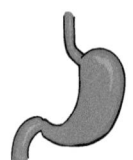

Magen

Maag

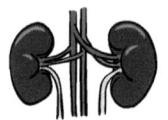

Nieren

Neren

Geschlechtsverkehr

Bislaap

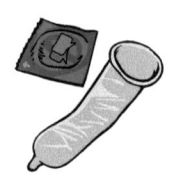

Kondom

Kondoom

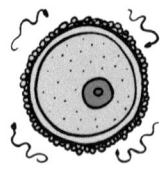

Eizelle

Eizell

Sperma

Sperma

Schwangerschaft

Anner Ümstänn

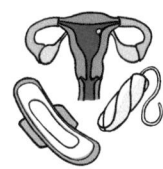

Menstruation

Menstruatschoon

Vagina

Scheed

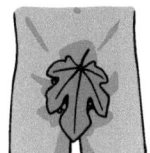

Penis

Pint

Augenbraue

Ogenbroe

Haar

Hoor

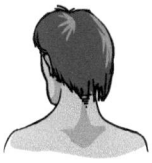

Hals

Hals

Krankenhaus
Krankenhuus

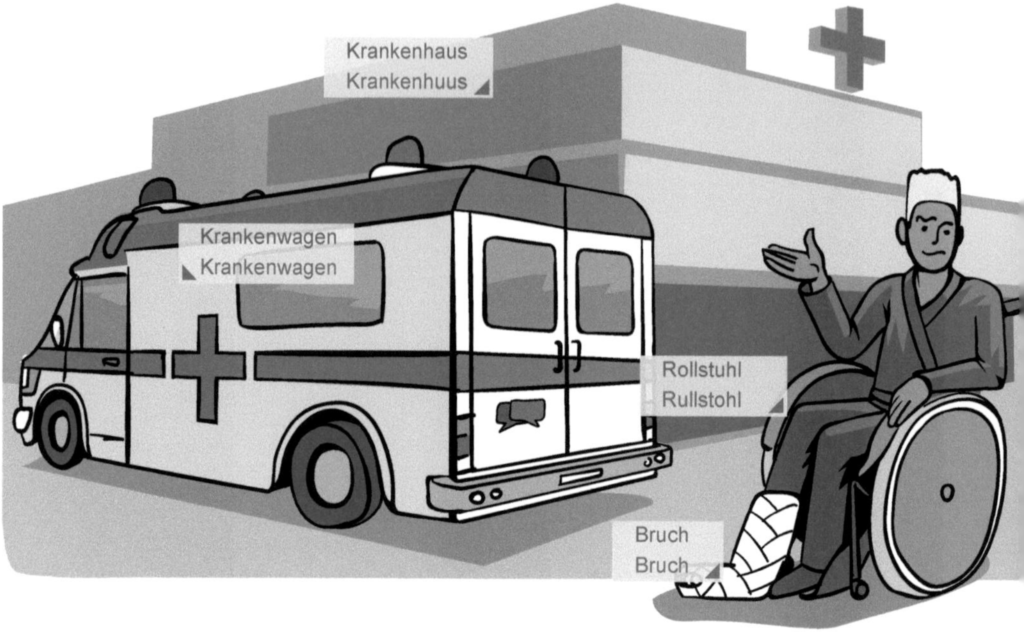

Krankenhaus
Krankenhuus
Krankenwagen
Krankenwagen
Rollstuhl
Rullstohl
Bruch
Bruch

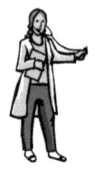

Arzt

Dokter

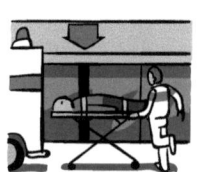

Notaufnahme

Nootopnahm

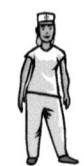

Krankenschwester

Krankensüster

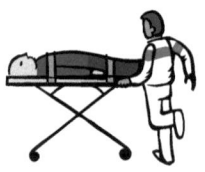

Notfall

Nootfall

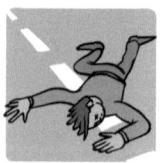

ohnmächtig

ahnmächtig

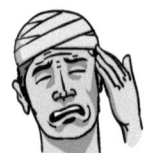

Schmerz

Wehdaag

Verletzung

Verwunnen

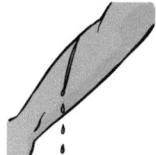

Blutung

Blöden

Herzinfarkt

Hartinfarkt

Schlaganfall

Slaganfall

Allergie

Allergie

Husten

Hoosten

Fleber

Fever

Grippe

Gripp

Durchfall

Dörchfall

Kopfschmerzen

Koppwehdaag

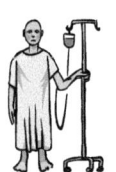

Krebs

Kreeft

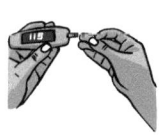

Diabetis

Zuckersüük

Chirurg

Chirurg

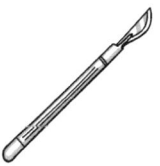

Skalpell

Chirurgsch Mess

Operation

Operatschoon

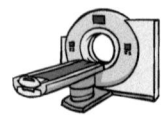

CT
CT

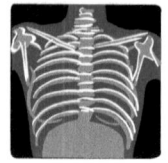

Röntgen
Dörchlüchten

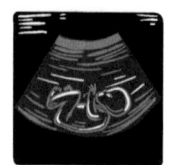

Ultraschall
Ultraschall

Maske
Mask

Krankheit
Krankheit

Wartezimmer
Töövruum

Krücke
Krück

Pflaster
Plaaster

Verband
Verband

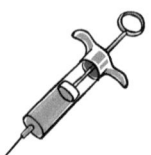

Injektion
Insprütten

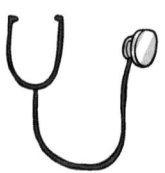

Stethoskop
Stethoskop

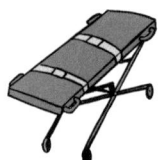

Trage
Draag

Thermometer
Feverthermometer

Geburt
Geboort

Übergewicht
Övergewicht

Hörgerät

Höörapparat

Desinfektionsmittel

Kiemfriemiddel

Infektion

Ansteken

Virus

Virus

HIV / AIDS

HIV / AIDS

Medizin

Heelmiddel

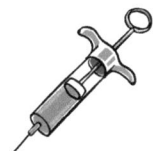

Impfung

Impen

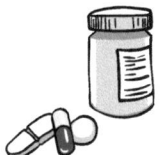

Tabletten

Tabletten

Pille

Pill

Notruf

Nootroop

Blutdruck-Messgerät

Blootdruck-Meter

krank / gesund

krank / gesund

Hilfe!

Hölp!

Alarm

Alarm

Überfall

Överfall

Angriff

Angreep

Gefahr

Gefohr

Notausgang

Nootutgang

Feuer!

Füer!

Feuerlöscher

Füerlöscher

Unfall

Unfall

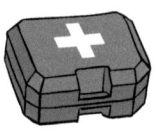

Erste-Hilfe-Koffer

Noothölpkoffer

SOS

SOS

Polizei

Polizei

Europa

Europa

Nordamerika

Noordamerika

Südamerika

Süüdamerika

Afrika

Afrika

Asien

Asien

Australien

Australien

Atlantik

Atlantik

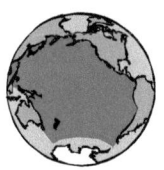

Pazifik

Pazifik

Indischer Ozean

Indisch Weltmeer

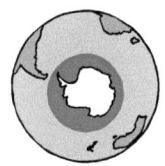

Antarktischer Ozean

Antarktisch Weltmeer

Arktischer Ozean

Arktisch Weltmeer

Nordpol

Noordpol

Südpol

Süüdpol

Antarktis

Antarktis

Erde

Eerd

Land

Land

Meer

See

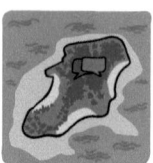

Insel

Eiland

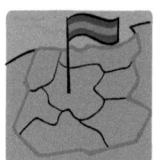

Nation

Natschoon

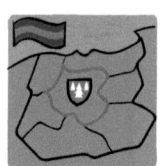

Staat

Staat

Zifferblatt

Tallenblatt

Stundenzeiger

Stunnenwieser

Minutenzeiger

Minutenwieser

Sekundenzeiger

Sekunnenwieser

Wie spät ist es?

Wo laat is dat?

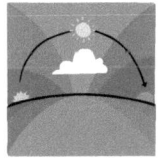

Tag

Dag

Zeit

Tiet

jetzt

nu

Digitaluhr

digetaalsch Klock

Minute

Minuut

Stunde

Stunn

Woche
Week

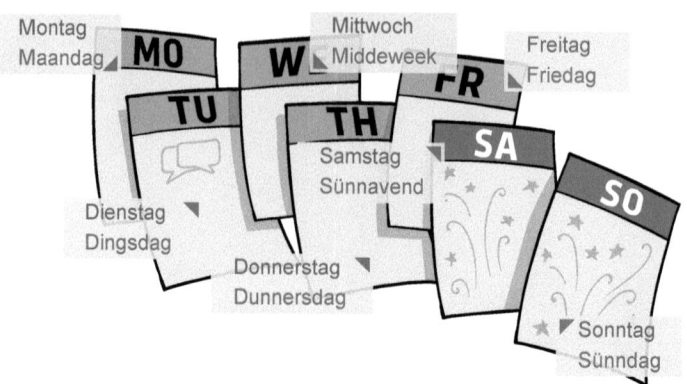

Montag
Maandag

Mittwoch
Middeweek

Freitag
Friedag

Dienstag
Dingsdag

Samstag
Sünnavend

Donnerstag
Dunnersdag

Sonntag
Sünndag

gestern

güstern

heute

hüüt

morgen

morgen

Morgen

Morgen

Mittag

Meddag

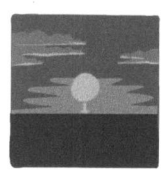

Abend

Avend

Arbeitstage

Arbeitsdaag

Wochenende

Wekenenn

Jahr

Johr

Regen
Regen
Regenbogen
Regenbagen
Wind
Wind
Schnee
Snee
Frühling
Fröhjohr
Sommer
Sommer
Herbst
Harvst
Winter
Winter

4.APRIL 11°
5.APRIL 4°
6.APRIL 13°
7.APRIL 8°
8.APRIL 10°

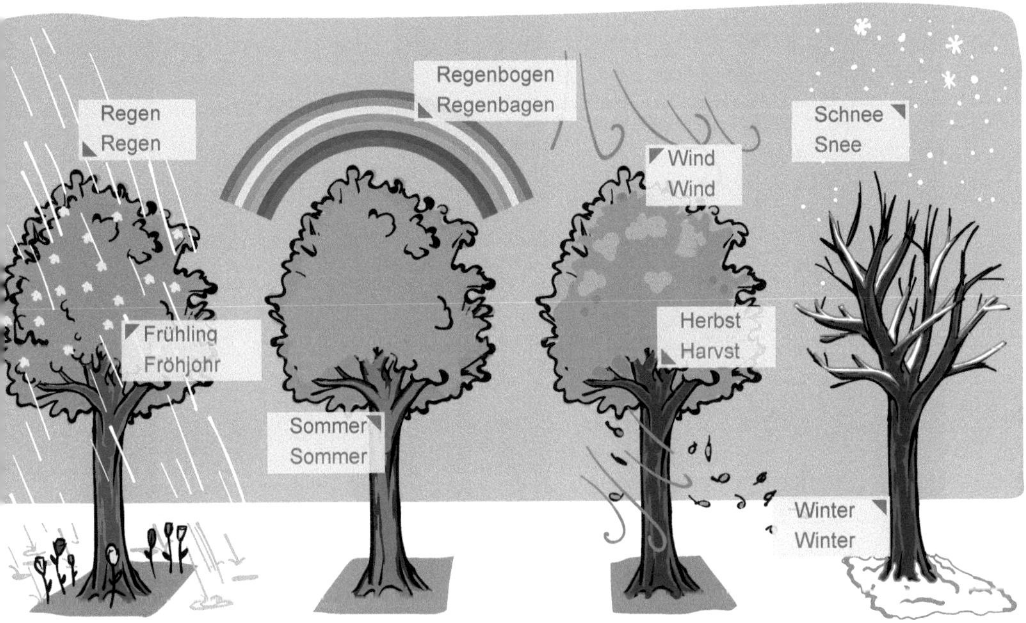

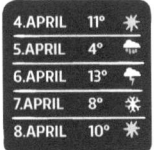

Wettervorhersage

Wedervörhersaag

F C
120 90 60 30 0 -30
40 30 20 10 0 -10 -20

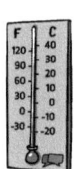

Thermometer

Thermometer

Sonnenschein

Sünnenschien

Wolke

Wulk

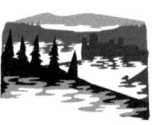

Nebel

Nevel

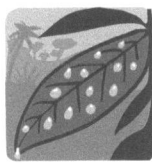

Luftfeuchtigkeit

Luftfuchtigkeit

Blitz

Blitz

Donner

Dunner

Sturm

Storm

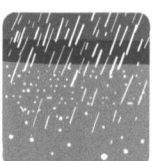

Hagel

Hagel

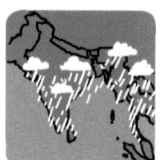

Monsun

Monsun

Flut

Floot

Eis

Ies

Januar

Januormaand

Februar

Februormaand

März

Martmaand

April

Aprilmaand

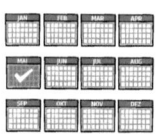

Mai

Maimaand

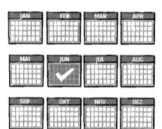

Juni

Junimaand

Juli

Julimaand

August

Augustmaand

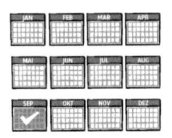

September
....
Septembermaand

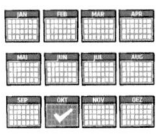

Oktober
....
Oktobermaand

November
....
Novembermaand

Dezember
....
Dezembermaand

Formen

Formen

Kreis
....
Krink

Quadrat
....
Quadrat

Rechteck
....
Rechteck

Dreieck
....
Dreeeck

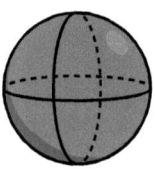

Kugel
....
Kugel

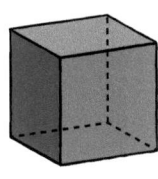

Würfel
....
Wörpel

weiß

witt

gelb

geel

orange

orangsch

pink

pink

rot

root

lila

lila

blau

blau

grün

gröön

braun

bruun

grau

gries

schwarz

swart

viel / wenig
veel / wenig

wütend / friedlich
böös / verdreeglich

hübsch / hässlich
smuck / mies

Anfang / Ende
Begünn / Enn

groß / klein
groot / lütt

hell / dunkel
hell / düüster

Bruder / Schwester
Broder / Süster

sauber / schmutzig
schier / schietig

vollständig / unvollständig
kumpleet / nich kumpleet

Tag / Nacht
Dag / Nacht

tot / lebendig
doot / lebennig

breit / schmal
breet / small

genießbar / ungenießbar

geneetbor / nich geneetbor

böse / freundlich

böös / fründlich

aufgeregt / gelangweilt

fickerig / langwielt

dick / dünn

dick / dünn

zuerst / zuletzt

toeerst / toletzt

Freund / Feind

Fründ / Fiend

voll / leer

vull / leddig

hart / weich

hart / week

schwer / leicht

swoor / licht

Hunger / Durst

Smacht / Döst

krank / gesund

krank / gesund

illegal / legal

nich na't Recht / na't Recht

intelligent / dumm

klook / dummerhaftig

links / rechts

linkerhand / rechterhand

nah / fern

neeg / feern

neu / gebraucht

nieg / bruukt

nichts / etwas

nix / wat

alt / jung

oolt / jung

an / aus

an / ut

offen / geschlossen

apen / slaten

leise / laut

lies / luut

reich / arm

riek / arm

richtig / falsch

richtig / verkehrt

rau / glatt

ruug / glatt

traurig / glücklich

trurig / glücklich

kurz / lang

kort / lang

langsam / schnell

suutje / flink

nass / trocken

natt / drÖÖg

warm / kühl

warm / köhl

Krieg / Frieden

Krieg / Freden

Zahlen

Tallen

0

null
....
null

1

eins
....
een

2

zwei
....
twee

3

drei
....
dree

4

vier
....
veer

5

fünf
....
fief

6

sechs
....
söss

7

sieben
....
söven

8

acht
....
acht

9

neun
....
negen

10

zehn
....
teihn

11

elf
....
ölven

12

zwölf

twölf

13

dreizehn

dörteihn

14

vierzehn

veerteihn

15

fünfzehn

föffteihn

16

sechzehn

sössteihn

17

siebzehn

söventeihn

18

achtzehn

achtteihn

19

neunzehn

negenteihn

20

zwanzig

twintig

100

hundert

hunnert

1.000

tausend

dusend

1.000.000

million

million

Englisch

Engelsch

Amerikanisches Englisch

Amerikaansch Engelsch

Chinesisch Mandarin

Chineesch Mandarin

Hindi

Hindi

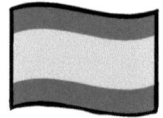

Spanisch

Spaansch

Französisch

Franzöösch

Arabisch

Araabsch

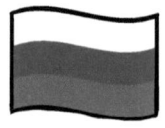

Russisch

Rusch

Portugiesisch

Portugiesch

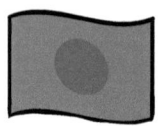

Bengalisch

Bengaalsch

Deutsch

Düütsch

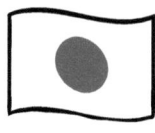

Japanisch

Japaansch

ich
ik

du
du

er / sie / es
he / se / dat

wir
wi

ihr
ji

sie
se

wer?
keen?

was?
wat?

wie?
woans?

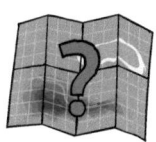

wo?
woneem?

wann?
wannehr?

Name
Naam

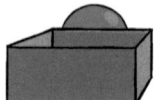

hinter

achter

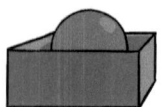

in

in

vor

vör

über

över

auf

op

unter

ünner

neben

blangen

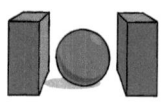

zwischen

twüschen

Ort

Oort